QUELQUES VUES

SUR L'OBJET

DE LA GUERRE,

ET SUR LES MOYENS

DE TERMINER LA RÉVOLUTION.

Par M. De Montlosier.

PARIS,

H. NICOLLE, à la Librairie Stéréotype, rue de Seine, n° 12.
A. ÉGRON, Imprimeur-Libraire, rue des Noyers, n° 37.
DELAUNAY, Libraire, au Palais-Royal, galerie de bois.

———

M. DCCC. XV.

AVERTISSEMENT.

J'ai publié successivement quatre volumes sur l'état de la monarchie française. (1) J'ai eu à parler d'abord de nos institutions; j'ai eu à traiter de leur origine, de leur progrès, de leur décadence. Devenu par de longues études familier avec les anciens temps de la France, j'ai pu montrer sous son véritable jour le caractère si long-temps méconnu de notre histoire. Passant à des temps plus rapprochés, je n'ai pu voir que des ruines, là où les autres ont vu de grands édifices. J'ai été amené ainsi à signaler comme le déclin de la France, un siècle qu'on avait admiré jusqu'ici, comme le plus haut point de sa splendeur.

Le règne de Louis XV devait peu m'occuper. Mais j'ai dû porter une grande attention à l'événement de la révolution. J'ai dû entrer par cette raison dans quelques détails sur la naissance, l'accroissement et la chute du gouvernement impérial. Si j'ai été entraîné à relever quelques fautes dans le gouvernement honorable, bon et paternel qui l'a remplacé, je n'ai point oublié celles du gouvernement violent qui, après être tombé une première fois, semble n'avoir reconquis la puissance que pour se ménager de nouveau les moyens de la perdre.

Dans un ensemble de tableaux aussi singuliers, aussi nouveaux, aussi difficiles, j'ai pu sans doute manquer de talent, j'ai cru que c'était quelque chose de n'avoir

____

(1) Voyez au *verso* du titre.

manqué ni d'impartialité ni de courage. On m'accuse
d'avoir encore failli en ce point. Après avoir, avec sa
dictature, jeté lui et la France dans un abîme, le chef
du dernier gouvernement s'est mis ensuite à remuer
toutes nos forces pour nous en tirer. On me reproche
d'avoir usé alors de la liberté de la presse. Mais la liberté de la presse n'est-elle que la liberté de l'admiration !

Pour ce qui est du reproche d'impartialité, dans le
cours d'une longue révolution, j'ai assez marqué, ce me
semble, le parti que j'avais choisi, et auquel je voulais
appartenir. Si pour appartenir à un parti il faut absolument célébrer ses travers, ou bien si on est obligé de
ne pas les apercevoir; si en parlant à vos propres amis,
vous avez perdu le droit de montrer, et la route qui peut
les sauver, et la voie de perdition qui les égare, ce n'est
pas seulement le talent alors qui vous manque, c'est l'autorité; c'est l'espérance de la raison, et avec elle toute
espérance.

Des hommes que j'honore m'ont engagé à passer une
dernière fois encore par-dessus ces considérations. Je
leur obéis. Me voilà prêt à recevoir de nouveau en réaction d'injure contre moi-même, ce qu'ils espèrent de
service pour tous. Les diffamations, les persécutions,
les dégoûts de tout genre, sont naturellement le partage
de celui qui veut avoir un peu de raison, au milieu des
folies publiques. J'accepte à cet égard ma destinée.
« Multis ergo placere minime est expetendum; nam
quæ sunt illis jucunda, nos non exercemus; quæ
autem exercemus procul sunt ab illorum affectione.
STROMAT.

QUELQUES VUES

SUR L'OBJET

DE LA GUERRE,

ET SUR LES MOYENS

DE TERMINER LA RÉVOLUTION.

CHAPITRE PREMIER.

De l'intervention des Puissances dans les affaires de France, et du droit de cette intervention.

A proprement parler, les hommes ne sont point étrangers les uns aux autres. Ils ont tous entre eux des liens; je ne dirai pas seulement de société, mais encore de fraternité. « Vous « consentez, dit Cicéron, à rendre la justice « aux citoyens, vous ne voulez pas la rendre « aux étrangers. Sachez que vous détruisez ainsi

« toute société parmi les hommes ; car vous ef-
« facez la bienfaisance, la libéralité, la justice ;
« vous vous rendez coupables envers les dieux
« mêmes, qui ont établi sur ces fondemens
« l'existence du genre humain. » (1)

Ce sentiment, qui a été, chez tous les peuples, le principe des devoirs de l'hospitalité,
acquiert plus de force d'homme à homme, lorsqu'il existe entre eux des liens de service, d'a-
mitié ou de parenté. Il en acquiert davantage
de maison à maison, lorsqu'il existe entre elles
des rapports de commerce et de voisinage ; il
se renforce de même de peuple à peuple, lorsque ceux-ci vivent depuis long-temps ensemble sous la même religion, sous les mêmes institutions, sous les mêmes mœurs. Ainsi, les
Grecs, que des usages communs réunissaient à
leurs différens jeux, et surtout aux jeux olympiques, qu'une religion commune réunissait

---

(1) Qui autem civium rationem dicunt habendam, ex-
ternorum negant, hi dirimunt communem humani ge-
neris societatem. Qua sublata, beneficentia, liberalitas,
bonitas, justitia funditus tollitur. Quæ qui tollunt etiam
adversus deos immortales impii judicandi sunt. Ab iis
enim constitutam inter homines societatem evertunt.

(Cic.)

(5)

dans leurs différens temples, et surtout à Delphes, que des intérêts habituels réunissaient
contre les Barbares, et surtout contre les Macé-
doniens et contre le grand roi ; les Grecs eurent
beau présenter, sur leur sol, l'apparence d'une
multitude d'états indépendans sous le rapport
de la langue, des arts, de la religion, des mœurs,
on les regarde assez généralement comme com-
posant la même société et le même peuple.

Avec certaines différences de mœurs, d'institutions et de langage, les nations de l'Europe
me paraissent offrir le même phénomène. Il y a
en Europe, comme dans la Grèce, un fond
commun de civilisation, qui, sous certains rapports, fait de l'Europe une seule et même
nation.

Cette sorte de vie et d'existence commune une
fois établie, ce n'est pas impunément qu'on lui
portera des atteintes. Si ce n'est que dans des
points peu importans, le principe d'harmonie
qui la compose pourra, sans conséquence, s'af-
faiblir, se relâcher ou se rompre ; dans les points
graves, il ne pourra être ébranlé sans danger ;
et dès lors on doit s'attendre qu'il provoquera
l'irritation ou la résistance.

Je viens de citer les Grecs. Au moment de la
plus grande énergie de leur confédération, je

suppose qu'il vienne tout à coup, en fantaisie, aux Athéniens, de divulguer les mystères d'Eleusis, de dénigrer le culte de Delphes comme une superstition, les jeux olympiques comme une institution féodale; au milieu des autres Grecs, accoutumés au régime des esclaves, je suppose qu'Athènes s'élève tout à coup pour faire consacrer, non seulement la liberté, mais la souveraineté de la multitude, et que pour mieux établir cette doctrine, l'Aréopage soit massacré en entier et remplacé par des prolétaires, personne ne croira que le reste de la Grèce demeurera tranquillement spectatrice de tous ces scandales.

Les maisons ont, à cet égard, les mêmes liens et le même droit des gens que les peuples. Accablé d'âge et d'infirmités, un vieux charbonnier vit tranquillement, dans sa chaumière, au milieu de ses enfans, de ses petits-enfans, de ses serviteurs, de ses ouvriers. Tout à coup la discorde entre dans sa peuplade; les enfans, les ouvriers, les serviteurs, les compagnons, les apprentis, en un mot, toute la nation de la maison se révolte et se fédère contre son chef. Si ce n'est qu'une ivresse passagère, une effervescence du moment, l'ordre sera bientôt rétabli; on reconnaîtra ses fautes, on réparera ses torts; les maisons voisines pourront se dispenser d'intervenir. Si, au contraire, ce soulèvement est une chose méditée, s'il tient à la dissolution systématique de toutes les anciennes mœurs; si les auteurs de cette révolution cherchent, non à faire excuser leurs fautes, mais à les faire honorer, à les faire approuver, et surtout à les propager et à les établir, je doute que les maisons voisines demeurent indifférentes à ce désordre.

Je prie le lecteur d'arrêter un moment son attention à la doctrine suivante:

« Que signifie le respect envers la vieillesse?
« Que signifie l'obéissance de tous à un seul
« homme? Tous ne valent-ils pas mieux qu'un
« seul? Quel est le principe de l'autorité sur la
« terre? N'est-ce pas le nombre? n'est-ce pas la
« force? La force n'est-elle pas de notre côté?
« La raison elle-même n'est-elle pas plutôt chez
« nous que chez ce vieux radoteur? Et puis
« qu'avons-nous besoin, nous qui sommes jeu-
« nes, dans l'âge des plaisirs et des jouissances,
« de laisser tout notre argent à ce vieillard qui
« n'a besoin de rien? et vive la jeunesse! vive
« la nation de la maison! »

Je n'ai point à examiner, pour le moment, cette doctrine; je sais qu'il en est une toute semblable dans l'ordre des nations, qui a beaucoup de faveur. Avec le perfectionnement actuel de nos lumières, il est possible qu'elle gagne la société entière. Toutefois, en attendant, il est probable qu'elle sera un objet d'alarme. Il est probable que les misérables et les mauvais sujets chercheront partout à s'en prévaloir. En vérité, je crois que les maisons ne sont pas encore mûres, au moment présent, pour une pareille doctrine. Je crois que beaucoup de maisons se concerteront et se réuniront pour la repousser et pour s'en préserver.

Dans la question de l'indépendance des peuples comme dans celle de l'indépendance des maisons, la difficulté ne roule pas sur le droit qu'a chaque peuple ou chaque maison de régler ou de bouleverser, comme il lui convient, son intérieur, mais seulement sur le point de savoir si en le bouleversant, de manière à provoquer le bouleversement des maisons ou des nations voisines, on n'autorise pas en cela même leurs craintes et leur intervention.

CHAPITRE II.

Application de ces principes à l'état actuel de la France et de l'Europe. Et d'abord de quelques méprises.

Quelque détermination qu'on prenne dans la vie privée, si on avait soin de se demander auparavant où on va et ce qu'on veut, on éviterait souvent bien des fautes. Lassé de tout ce vain amas de futilités qu'on appelle le monde, l'homme le plus grand et le plus éloquent de son siècle se réfugie dans la solitude. Là il se demande chaque jour ce qu'il y est venu faire : *Bernarde, ad quid venisti?* Si les souverains, qui se sont réunis contre la France, sont sages, c'est la question qu'ils se feront chaque jour.

Si je voulais m'en rapporter à leurs proclamations, je pourrais croire qu'ils se sont armés pour renverser la puissance de Bonaparte. Les hommes d'un certain parti me crient, d'un autre côté, « c'est pour rétablir Louis XVIII. »

En fait de politique , j'ai le malheur d'avoir une foi peu facile. Si j'avais voulu m'en rapporter aux proclamations de Bonaparte , j'aurais pu croire qu'en mettant la France en pièces, comme il a fait , et la remuant dans ses fondemens , il a eu pour unique objet de lui donner la liberté. Dès le premier instant, j'ai vu ce que c'était que ce prétendu plan de liberté. J'ai vu que peu importait de faire des ruines , pourvu que ces ruines fussent des armes. Dissolvant du côté de la France , appât de l'autre côté du Rhin , la liberté nouvelle , accompagnée de la souveraineté du peuple , de l'égalité et des droits de l'homme, a paru en France , aux clairvoyans, ce qu'elle a paru à tous les souverains de l'Europe, un fléau.

On croit que c'est Napoléon , que c'est Louis XVIII qui sont le principal objet de la guerre. Pour faire disparaître ces deux allégations, on n'a qu'à supposer, qu'au lieu de déranger la situation faite par Louis XVIII, Napoléon s'y fût, au contraire, placé tout entier, et qu'il eût cherché à l'étendre et à la perfectionner. Saisissant tous les débris de la France ancienne, c'est à dire tout l'ordre ancien de notre civilisation , en harmonie avec celui de l'Europe, je suppose qu'il se fût seulement attaché à y faire entrer les parties nobles de la révolution, et qu'il eût montré ainsi, à toute l'Europe, un régime doux, consolidé, allant de pair avec le sien, je veux croire qu'il y aurait eu encore quelque temps un reste de souvenir, d'amour-propre, ou d'intérêt en alarme; cette guerre, au moins, n'aurait pris aucun caractère ardent; et la tranquillité et la fixité de la France auraient désarmé toutes les nations, en leur laissant à elles - mêmes, en toute sécurité, la perspective de leur propre fixité.

Voilà, pour le dire en passant, la grande faute de Bonaparte. Elle a consisté à ne pas savoir séparer deux choses qu'il fallait séparer. D'un côté, après le retour de l'île d'Elbe, quelque apparence de guerre pouvait être regardée comme inévitable; ce n'était pas le plus grand danger. Le point le plus fâcheux, et qui, dès le premier moment, a dû être un objet d'épouvante, c'est que toute paix devint impossible. Après avoir déterminé la guerre par son retour de l'île d'Elbe, il ne pouvait mieux déterminer l'impossibilité de la paix que par ses proclamations du golfe de Juan, ses décrets de Lyon, sa résurrection des clubs, et sa déclaration du Conseil-d'Etat.

Actuellement tournons l'hypothèse en se

inverse. Je suppose qu'à son retour en France, Louis XVIII, dérogeant aux sentimens connus qui le caractérisent, eût adopté, comme l'empereur Napoléon, la liberté, l'égalité, la fraternité ou la mort; qu'il fût parti, comme lui, du principe que tous les hommes anciens d'un état, toutes ses lois, toutes ses mœurs anciennes doivent être livrées à l'anéantissement, à l'humiliation, à la proscription. Je suppose que Louis XVIII eût fait proclamer, comme Bonaparte, que toute souveraineté appartient à la multitude, tout droit à la force; qu'il eût fait de cette doctrine, si séduisante pour les forts de la halle de tous les pays, la nouvelle enseigne de la France, et qu'il eût proposé aux souverains de l'Europe de reprendre, avec ces enseignes, les anciennes relations politiques des deux pays, croit-on que l'Europe eût été enthousiasmée de ces merveilles? Elle eût déclaré la guerre à Louis XVIII comme à Napoléon; soyez-en sûr.

Cependant, si ce n'est ni contre Napoléon, ni pour Louis XVIII, que les étrangers s'ameutent d'un bout de l'Europe à l'autre, c'est donc contre la France et contre la nation française. Pas davantage. Ici il est une vérité bien importante à connaître; peu importe à l'Europe que la France soit sous le despotisme ou sous la monarchie, sous l'aristocratie ou sous la république. Je dirai plus ; il pourrait ne pas lui importer du tout que la France fût heureuse ou malheureuse, dans l'adversité ou la prospérité ; qu'elle eût un gouvernement régulier ou irrégulier. Ce qui lui importe, c'est que par un effet de la situation de la France, sa propre situation ne soit pas inquié·tée. Ce qui lui importe, c'est qu'au milieu de tel ou de tel système, de tels ou de tels principes, de tel ou de tel fléau, de telle ou de telle calamité qu'il plaira à la France de s'imposer, ces principes, ces systèmes, ces fléaux, ces calamités ne troublent pas sans cesse son repos.

J'ai dû d'abord, de notre côté, écarter des méprises. Du côté des puissances, il en est qu'il n'importe pas moins de prévenir. Mon intention n'est point de diminuer ce que peuvent avoir d'importance ces armées immenses qui se remuent vers nous ; mais leurs chefs se trompent tout-à-fait, s'ils croient qu'avec cela ils changeront la constitution du monde. Lorsque le torrent passe sur le faible roseau, celui-ci courbe sa tête ; le torrent écoulé, il la relève, car il tient par les racines. Grands potentats de la terre, quelque nom que vous portiez, quelques forces que vous ayez, vous vous trompez, si vous croyez que tous vos millions d'or et tous vos millions d'hommes apporteront quelques changemens à la constitution d'un peuple. Ils n'en apporteront pas à la constitution d'une laitue.

Accoutumés, comme nous le sommes, à voir les grandes armées régler la destinée des états, nous ne pouvons douter que, soit d'un côté, soit d'un autre, l'armée victorieuse disposera des destinées de la France. Nous ne faisons pas attention que dans les anciennes luttes de nation à nation, les mœurs, la religion, les lois, toutes les institutions civiles, demeuraient étrangères et hors de la querelle. La force alors était seulement aux prises avec la force, pour quelque intérêt léger, ou quelque portion contentieuse de territoire. Ici, la querelle a un autre caractère ; elle a aussi un autre objet. Quand la force aura abattu la force, elle n'aura fait que la moitié du chemin vers son but.

D'un côté, la puissance, quelque immense qu'elle paraisse, peut se trouver inférieure à son objet ; d'un autre côté, avec une faiblesse et une exiguité apparente, la plus petite cause peut avoir les plus grands résultats. En général, on ne sait pas assez apprécier l'importance des petites causes. Si elles ont leurs principes dans la nature des choses, on doit s'attendre, toutes

faibles qu'elles paraissent , que leur action longue, continue, nécessaire, finira par triompher
des plus grands obstacles.

Au revers du mont Valérien , je connais une
petite source que les enfans peuvent, avec quelques mottes de terre , tarir un moment et arrêter. Les eaux, en s'accumulant, dépassent bientôt ce léger obstacle. Ce à quoi des enfans ne
peuvent parvenir, des hommes plus forts n'y
parviendraient pas davantage. Les puissances
et les armées de l'Europe réunies le tenteraient
tout aussi vainement. Les mouvemens de nos
affections , de nos intérêts , de nos passions,
lorsqu'ils ont leurs principes dans notre nature,
offrent le même caractère. On les comprime un
moment ; à la fin, il faut qu'ils reprennent leur
cours. Avec leurs armées , si les souverains veulent tuer des hommes, c'est facile ; s'ils veulent
les changer , il n'en sera pas de même. Avec la
force , ils ne changeront pas ce qui nous peut
rester de vertus ; ils ne changeront pas davantage nos vices. Avec la force ils pourront abattre
la force ; avec la sagesse seule ils établiront la
sagesse.

CHAPITRE III.

De l'objet particulier de l'intervention des puissances.

Si on a fait attention aux principes que j'ai établis, il ne s'agit pas dans le mouvement actuel de l'Europe d'examiner si elle blesse en quelque point l'indépendance de la France par son intervention dans ses affaires intérieures, mais seulement si sous quelques rapports la France ne s'est pas mise intérieurement dans une situation qui justifie cette intervention. Il me reste à chercher cette situation.

A la manière dont la providence a ordonné les sociétés, la grande difficulté a été dans tous les temps de traiter avec la multitude. Même dans les temps où l'esclavage établi allégeait la police de l'Etat de près de la moitié de sa population, ce n'était pas peu de chose de contenir dans l'autre moitié une partie continuellement mécontente, brouillonne, insatiable, s'agitant sans cesse pour obtenir tantôt le partage des terres, tantôt l'abolition des dettes, tantôt l'égalité des rangs et l'admissibilité à toutes les places. Les premiers entre tous les peuples du monde , les Germains, s'ils n'abolirent pas tout-à-fait la servitude, l'adoucirent au point qu'on avait peine à distinguer dans la maison le serviteur du maître. *Dominum ac servum nullis educationis deliciis dignoscas.* Fidèles à ces mœurs, nos ancêtres aujourd'hui si décriés, mais dont le nom même dans son étymologie atteste l'amour de la liberté, effacèrent dans les Gaules, dès qu'ils y furent établis, les traces de servitude personnelle que les Romains et les anciens Gaulois y avaient laissées.

Cependant la servitude de la terre et un reste de dépendance personnelle, connue sous le nom de *bondage*, s'étaient conservés. Par une révolution dont j'ai décrit dans un autre ouvrage les progrès et l'origine, cette classe passa d'abord d'une liberté mixte à la liberté pleine. Gagnant de plus en plus du terrein, elle parvint à l'égalité d'importance sous le nom de troisième ordre. Dans la suite, la dénomination même de troisième ordre ne lui suffit pas. Elle obtint par une nouvelle révolution l'égalité du rang, comme elle avait obtenu l'égalité d'importance. L'absence de toute distinction, c'est-à-dire une confusion entière, fut ainsi que je l'ai montré le premier et principal objet de la révolution de 1789. De cette manière le cadre social, depuis long-temps diversement ébranlé, fut dissous.

Je ne prétends pas examiner pour le moment le caractère de cette dissolution. Il est possible, comme dans l'hypothèse de la maison du charbonnier, que cette dissolution soit une merveille. Peut-être n'a-t-on jamais rien vu de plus sublime au monde que cette abolition de tout rang, de tout droit, et de tout avantage héréditaire. Aristote a beau consacrer en doctrine qu'on n'est point citoyen par cela seul qu'on est habitant d'une ville, ou bien parce qu'on a le droit de plaider à un tribunal et de recevoir un jugement (1), Aristote ne sait peut-être ce qu'il dit. L'égalité de tous les habitans, l'admissibilité à toutes les places, une déclaration solennelle du gouvernement, proclamant comme doctrine

---

(1) Civis autem non est, quod urbem aliquam incolat. Etenim inquilini et servi habitationis sunt participes. Neque ii quibus cum jura ita communicata sunt, ut et judicium accipere necesse habeant et litem intendere atque in jus vocare possint, cives sunt.... Civis igitur simpliciter nulla alia re definitur magis, quam quod sit judicatûs et magistratûs particeps.

Arist. Polit., lib. 3, c. 1.

d'Etat la souveraineté de la multitude, cette souveraineté mise en pratique par la provocation aux soldats, aux ouvriers, aux portiers de délibérer sur les Chartes constitutionnelles, telles sont les merveilles sur lesquelles je vois généralement des écrivains, des menuisiers, des perruquiers, s'extasier. Je consens à ne rien déranger de cette admiration ; toutefois il est possible que le reste de l'Europe ne la partage pas ; il est possible même qu'elle y voie un danger.

En effet, on ne peut se le dissimuler : c'est la révolution toute entière remise en vigueur. L'Europe a pu espérer long-temps que cette révolution serait une fougue passagère. Intimidée par nos principes, intimidée par nos armes, elle a cédé quelquefois à l'énergie de notre valeur, plus souvent à l'adresse de nos cajoleries. Ici c'étaient les lettres les plus raisonnables au cardinal Mathei ; là c'étaient les stipulations sensées de l'article 14 du traité de Campo-Formio, une autre fois l'érection de la Légion-d'Honneur, l'établissement d'un nouveau corps de noblesse : de cette manière la France présentait l'apparence d'un ordre social, s'élevant de ses fondemens et calqué en beaucoup de points sur l'ordre de civilisation établi chez les autres peuples ; tout cet ensemble était, il est vrai, un peu brute ; c'étaient au moins des ébauches, et pour l'avenir la perspective de belles et de bonnes institutions : voilà ce qui, pendant long-temps, a rassuré l'Europe, voilà ce qui, en tempérant les alarmes, a amorti en même temps cette sorte d'activité et d'énergie extraordinaire qui est nécessaire aux grands efforts. Certes, les souverains ne méritent à cet égard aucun reproche. Ils ont poussé la patience et la condescendance à son dernier terme. Ils ont fait pour conserver la paix, ainsi que pour favoriser cet ordre nouveau, les plus grands et les plus douloureux sacrifices. Gondebaud n'eût point donné sa fille à Clovis barbare : il la donne à celui qui, en adoptant la foi chrétienne, adore ce qu'il a autrefois mis sous ses pieds, et met sous ses pieds ce qu'il a adoré.

A la fin cependant, lorsqu'il a été évident que tout cet appareil de constitution sociale n'était qu'un vain replâtrage ; qu'à travers ce replâtrage, il n'y avait d'ordre au-dedans que pour les moyens de destruction au-dehors ; lorsqu'on a vu que revenant une seconde fois sur le trône, on n'y arrivait que pour empirer le mal, et non pour perfectionner le bien ; lorsqu'on a vu que cet appel prétendu à toutes les vertus de l'Europe, n'était en réalité qu'un appel à tous les vices ; que les exemples de la France étaient au moment de germer en Europe dans toutes ses parties impures, c'est-à-dire dans toutes ses multitudes ; lorsqu'on a vu enfin que le canon remué en apparence par la politique, s'était fédéré avec les doctrines nouvelles pour se faire ensemble une voie, il a bien fallu revenir des illusions auxquelles on s'était abandonné.

Nous nous applaudissons d'avoir des marchands de toile membres d'une Cour des pairs ; nous avons des avocats et des procureurs de petites villes devenus comtes, ducs, princes. L'Europe a aussi probablement, dans ses petites villes, des marchands de toile, des procureurs et des avocats. Au défaut de son peu de mérite, s'il ne faut après cela que tuer un roi, une reine, massacrer des nobles, des évêques, l'Europe a en ce genre tout ce qu'il faut, elle ne manque d'aucune occasion de crimes. Elle ne manquera pas même, s'il le faut, de rubans pour les honorer, et d'écrivains pour les célébrer. Elle peut recevoir de France la contagion de ses vices, aussi facilement que de Constantinople la contagion de la peste.

C'est contre cette peste que l'Europe s'est

armée; un système d'attaque contre la France n'a été qu'un système de défense pour elle-même. Dans ce système, si on a l'air de proclamer guerre à la personne de Napoléon, faveur à la personne de Louis XVIII, cette particularité s'explique facilement.

A Rome on n'osait pas donner une marque distinctive aux esclaves, de peur de leur donner une idée de leur force, en leur donnant une idée de leur nombre. Il a été prudent de même de ne pas laisser croire à la multitude de tous les pays qu'on déclarait la guerre en France à la multitude. D'un autre côté, telle est la faiblesse de l'esprit humain, qu'il est toujours entraîné à donner une figure précise à tous les grands mouvemens. On a mis ainsi la figure de Roberspierre sur un règne de révolution misérable, en cela seul que Roberspierre semblait plus particulièrement y participer. On a donné de même le nom de Bonaparte à un règne de révolution, toute de gloire militaire, en ce que Bonaparte qui le dirigeait y a paru le personnage le plus important.

CHAPITRE IV.

*Des difficultés que les puissances éprouveront
pour remplir l'objet de leur intervention.*

DANS l'hypothèse que j'ai faite précédemment
d'une maison en désordre, et de l'intervention que ce désordre nécessite de la part des
maisons voisines, comme le délit est simple, la
réparation est simple. Il ne s'agit que de punir
les coupables et de rétablir le chef de la maison
en ses droits, honneurs, et autorités. Les lois à
cet égard sont faites; les mœurs sont établies.
Cet exemple ne peut en ce point s'appliquer à
la France. Ce pays est à cet égard dans une
situation particulière. Les vices sans doute se
sont mêlés à sa révolution. Ils y ont eu une part
considérable; mais ils ne l'ont point faite. Elle
est provenue, ainsi que je l'ai montré ailleurs,
du contraste d'institutions délabrées et sans
force, sappées de concert par les rois, par les
parlemens, par les philosophes depuis deux
siècles, avec les nouvelles mœurs, les nouvelles
lois, les nouvelles relations établies. Les ins-

titutions délabrées voulant se conserver en dé-
pit des lois, des relations et des mœurs nouvelles, au premier branle tout s'est écroulé.

Si les souverains de l'Europe, en nous arri-
vant en France, se proposaient de nous re-
mettre au régime établi en 1789, ils auraient
contre cette tentative toutes les causes qui ont
empêché ce régime de se conserver et de se
maintenir. Ils auraient de plus contre eux toutes
les forces qui tendent à maintenir des situations déjà faites. Une nation ne peut pas vivre
vingt-cinq ans entiers avec une réunion de
membres rompus et disloqués. Il est inévitable
que tout cela ne se raccommode un peu, bien
ou mal. Dans ce rhabillage, quel qu'il soit, il
est des connexions nouvelles qu'il serait violent et imprudent de rompre. Sous aucun rapport les souverains ne penseront à un tel parti,
ils ne le tenteront pas. Ils n'en ont pas la volonté,
ils n'en auraient pas la puissance.

La grande difficulté n'est pas là. Elle consiste dans une multitude d'écueils formés par
les événemens plus ou moins difficiles à signaler. Et d'abord il faut compter parmi ces écueils
une situation particulière qui fait que l'esprit
en France est arrivé d'un côté au plus haut degré
d'absurdité, d'un autre côté au plus haut degré

de sagacité. La difficulté consiste en ce que la France aujourd'hui est un vrai labyrinthe, que le langage n'a plus son véritable sens. C'est une succession continuelle d'énigmes. Toutes les paroles sont devenues hypocrites, parce que toutes les positions sont fausses. A tout moment des pensées qui ont leur source dans ce que nous avons de plus vil, mettent en avant des paroles prises dans ce que nous avons de plus noble.

Avant tout je crois qu'il faut chercher à comprendre la singularité de cette situation. Je vais chercher à montrer son caractère et ses effets.

CHAPITRE V.

*Du contraste des divers partis, de leur ten-
dance et de leur mouvement.*

Q UAND vous êtes dans cette partie de l'Italie
qu'on appelle Champs - Phlégréens , vous ne
pouvez prendre aucune direction, sans trouver
au-devant de vous des goufres. Ici c'est le cra-
tère du Monte di Nuovo, là c'est le lac Agnano
ou la Grotte du Chien , ailleurs telle ou telle
solfatare. Nous ne pouvons de même , dans
notre situation présente , prendre telle ou telle
des directions établies , sans trouver au-devant
de nous des abîmes. Oh ! venez à moi, nous
dit celui-ci, accourez tous; voici votre bonheur, voici le pouvoir absolu. Avec ce pouvoir absolu , vous aurez des Jésuites , des lettres de cachet, des intendans, des courtisans,
des ministres ineptes. La France ne peut absolument se passer pour son bonheur de moines
et de pouvoir absolu.

Un autre s'écrie: venez plutôt à moi. Je suis
pour une constitution libérale : et pour cela,

point d'unité dans le pouvoir. La séparation des pouvoirs est la première condition de la liberté, la sauve-garde de toute constitution. Celui-ci me dit qu'il faut deux pouvoirs... D'autres disent trois, quatre, cinq : pouvoir législatif, pouvoir exécutif, pouvoir administratif, pouvoir judiciaire. Je m'en tiens à l'énumération d'aujourd'hui, car dans quelque temps je ne doute pas qu'on en découvre beaucoup d'autres.

Un autre nous arrive avec une dixième ou douzième constitution, et nous dit bien sérieusement : les autres constitutions avaient péri par tel ou tel point. Ici c'était l'absence d'un sénat héréditaire; là c'était l'initiative donnée au pouvoir. Il voit tous les maux et toutes les prospérités de la France dans telle ou telle forme constitutionnelle.

Tout cela ne vaut rien, me dit le démocrate. Point de roi, point de sénat : vieilleries aristocratiques, conceptions surannées. Un autre enfin s'écrie : point de titres, point de rangs, point de fils, point de père, point de famille, point de passé, point d'avenir. Des individus, rien que des individus. Ne comptons désormais que le temps présent. Vive la France, vive la nation, vive la patrie, mais seulement depuis la révolution.

Il semble que ce soit déjà une chose assez lamentable que ce spectacle d'absurdité que présentent en France toutes les opinions et tous les partis, ainsi que l'espèce de frénésie avec laquelle chaque parti, ayant comme un gouffre à sa disposition, invite bien sérieusement tous les autres partis à venir s'y précipiter avec lui. Je conçois quelque chose de plus triste encore : c'est l'espèce de génie qui semble au service de cette frénésie et qui fait que chaque parti met dans ses desseins absurdes une habileté, un soin, une persistance, une profondeur de plan et d'exécution qui étonne. On ne peut se faire une idée de tout ce qu'emploie souvent de talent, de force d'esprit, de prévoyance un royaliste absolu pour recruter convenablement son parti, pour ameuter des rassemblemens, organiser des forces, c'est-à-dire conduire lui et ses partisans dans le gouffre du despotisme. Au surplus l'effréné jacobin ne lui cède en rien. L'adresse de ses combinaisons, la souplesse de ses mouvemens, les espérances qu'il seme partout, la haine qu'il attise de toutes parts, peuvent être de nouveaux sujets d'admiration.

Ce n'est là qu'une partie du tableau.

Tandis que chaque faction se démène pour

nous amener chacun selon son attrait particulier à son goufre favori, il faut observer que chacun de ces goufres a son temps de faveur. Pendant un temps, c'est la république, pendant un autre, c'est la monarchie absolue. Ensuite vient la monarchie mitigée ou constitutionnelle avec la séparation des pouvoirs, c'est-à-dire, en d'autres termes, l'anarchie. Tantôt c'est la monarchie avec quelques rangs, mais seulement pour une chambre haute.

Selon la vogue de chacun de ces goufres différens, un autre spectacle beaucoup plus singulier occupe mon attention. Des hommes d'une complexion singulière, tout prêts à se mettre les premiers partout où il y a de la foule, tout prêts à prendre le commandement partout où il y a de l'espérance, maîtres pour toute espèce de disciples, professeurs pour toutes les écoles, candidats pour toutes les places, véritables cosmopolites du monde intellectuel, se mettent dans tous les partis pour se trouver dans toutes les chances. Ces hommes d'une espèce nouvelle déploient, dans cette nouvelle ligne, une nouvelle sorte de talent et de dextérité qui m'étonnent. Tandis que dans le système à la mode, les flots s'avancent, se pressant les uns sur les autres, et qu'une par-

tic la plus étourdie, la plus imprudente se préci-
pitent dans le goufre, eux avec un génie admirable, se retirent de cette route décréditée, pour
aller se placer subitement, et avec les mêmes
avantages, dans celle qui vient d'acquérir de la
faveur. Ce qu'il y a d'admirable pour moi, c'est
leur éloquence diverse dans des sens divers. Il
y a des oiseaux qui, n'ayant dans la tête aucun
air, n'en sont que plus susceptibles de rendre
tous les airs qu'ils entendent. Sans opinion qui
leur soit propre, les hommes dont je parle n'en
paraissent que plus susceptibles de recevoir
toutes les espèces d'opinions. Ils sifflent avec la
même mélodie, aujourd'hui, la doctrine de la
liberté; demain, celle du despotisme; aujour-
d'hui ils ont chanté le pouvoir des Bourbons;
demain ce sera la souveraineté du peuple. On
cite ce coup admirable de la grâce qui, après
avoir abattu Paul persécuteur, le relève chré-
tien fervent. Une grâce plus admirable encore
frappe aujourd'hui nos apôtres de la république, pour en faire aussitôt des apôtres du despotisme. Demain elle les frappe de nouveau
pour en faire des apôtres de la souveraineté du
peuple.

En résumé, bétise complète, profonde inep-
tie, inhabileté pour tout moyen de bien et

de salut ; en compensation, une habileté du *moi* , qui tient du prodige , une sublimité de génie et de conception pour donner de la faveur à ses propres folies, ou pour jouir de celle des autres. Telle est aujourd'hui la situation de la France. Il importe de connaître les causes précises de cette situation.

CHAPITRE VI.

Des causes particulières de cette bizarrerie.

J'ai examiné long-temps, et avec beaucoup d'attention, cette anarchie que je viens de décrire, ce chaos de toutes les facultés de l'esprit. Tout cela me paraît provenir d'une autre anarchie et d'un autre chaos : c'est la dissolution de toute institution et de tout cadre social. Je dois dire ceci principalement en présence des peuples étrangers qui, ayant plus ou moins dans leur sein des hommes d'une grande célébrité et d'un grand talent, s'imaginent quelquefois que quelqu'un de ces hommes pourrait, avec la puissance de leur talent, rétablir nos affaires : ils ne rétabliraient rien.

Dans les pays de l'Europe où on part continuellement d'un ordre fait, tout établi, le talent peut avoir alors ses avantages. Il n'y a là rien à créer. Il n'y a qu'à faire aller ce qui existe. En France, rien n'existe. Il faut toujours, et en tout point, partir du néant. Le talent est toujours sans point d'appui réel. De même qu'en

Egypte, on est trompé par le mirage, on est trompé de même à chaque instant en France par une illusion de sol sans réalité, et sur lequel il est impossible de placer aucun levier. Si l'Angleterre, l'Autriche, l'Allemagne, si féconde aujourd'hui en talens renommés, se trouvaient jamais dans cette situation, on serait tout étonné de l'infériorité que montreraient des hommes qui aujourd'hui sont en possession de la plus grande célébrité.

Ce que je dis ici n'est pas seulement vrai dans les grandes discussions de l'ordre politique; ce chaos ne se montre pas seulement dans les débats sur la division des pouvoirs, ou telle et telle forme d'un acte constitutionnel; vous l'observerez de même dans les détails les plus familiers et les plus simples de la législation, si l'ancienne législation du pays, en même temps que sa constitution a été dissoute.

A ne parler que de la France, quels noms à citer en fait de talent, de sagacité et d'honnêteté que les noms de M. Portalis, de M. Tronchet, de M. Bigot Préameneu, de M. Malleville! Tant que notre ancienne législation a subsisté, quelle science, quelle sagesse de jugement n'a-t-on pas pu remarquer chez ces hommes aussi honorables qu'estimables! Au contraire, lorsque notre législation a été détruite, et qu'il a fallu la recomposer, quelle faiblesse dans toutes leurs conceptions, quelle ignorance de principes, quelle infériorité d'esprit et de vues! Je ne puis me dispenser de citer ici quelques exemples.

Veut-on savoir, selon nos plus célèbres jurisconsultes, l'origine de la propriété?

> L'homme naît avec des besoins. Il faut qu'il puisse se nourrir et se vêtir Il a donc droit aux choses nécessaires à sa subsistance et à son entretien. Voilà l'origine du droit de propriété.

Je préviens que cette théorie n'est tirée ni des ouvrages de Marat, ni de ceux de Roberspierre. C'est celle des hommes les plus probes de la France.

Veut-on savoir l'origine du droit de tester et du droit de succession.

> Le droit de propriété finit avec la vie du propriétaire. Conséquemment, après la mort du propriétaire, que deviendront ses biens rendus vacans par son décès? Le bon sens, la raison, le bien public, ne permettent pas qu'ils soient abandonnés. Il y a de puissans motifs de convenance et d'équité de les laisser à la famille du propriétaire Mais à parler exactement, aucun membre de cette famille ne peut les réclamer à titre rigoureux de propriété.

Veut-on une autre belle niaiserie ?

> Aucun homme n'a , par un droit naturel et inné,
> le pouvoir de commander après sa mort, et de se
> survivre ainsi à lui-même par un testament.

On ajoute :

> Sur des biens rendus vacans après la mort du pro-
> priétaire , on ne voit d'abord d'autre droit propre-
> ment dit que celui de l'Etat. Mais l'Etat ne succède
> point; il n'est établi que pour régler l'ordre des suc-
> cessions.

Heureusement nous avons un langage établi:
car s'il n'y avait pas de syntaxe, ou que l'ancienne fût oubliée, et qu'il fallût en composer
une, on serait tout étonné de voir nos aca-
démies, aujourd'hui si renommées pour leur
science, ne savoir pas même créer un subjonctif.
Il faudrait voir comment elles se perdraient
dans tous les détails du gérondif, du supin ou
du prétérit. Nous en avons tous les jours la
preuve dans les efforts qu'elles font pour nous
donner un dictionnaire: Les mots les plus communs, de l'usage le plus ordinaire , j'entends
dire que c'est avec la plus grande peine qu'on
peut parvenir à en bien spécifier le sens. A plus
forte raison, lorsqu'il faudra créer *à priori* une
législation ou une constitution.

A Londres, il y a des trottoirs. Ces trottoirs se sont faits, jour à jour, en même temps que la ville elle-même. En France, il semble qu'il n'y a aucune difficulté d'en établir. Eh bien, on ne peut y parvenir. Dès qu'une proposition en ce genre est faite, il s'élève des difficultés infinies. C'est à qui viendra apporter, non des moyens, mais des obstacles : 5oo systèmes différens; 5oo objections différentes.

En tout, voici ce que j'observe depuis long-temps. Prendre l'opinion d'un autre par respect, par autorité, cela se peut absolument. L'adopter de conviction, je n'en vois point d'exemple. Il semble qu'il soit impossible à un homme fait d'adopter aujourd'hui une opinion qu'il n'a pas eue, qui n'a pas crû lentement avec ses bras, ses jambes, son cerveau, en un mot, qu'il ne s'est pas faite à lui-même. Je suppose que, par quelque accident particulier, la nature eût oublié de nous faire des bras et des jambes : celui qui viendrait ensuite avec des membres tout faits pour nous les appliquer, n'y parviendrait pas.

Ce que je dis d'une simple opinion, est encore plus vrai d'une constitution. Tenter d'appliquer à un vieux peuple tout détruit, mais plein encore de traditions, de souvenirs, de toutes les im-

pressions de sa vie passée, une constitution toute
faite, c'est entreprendre un prodige. Aussi
voyons-nous deux de nos plus grands esprits,
M. de Bonald et M. de Meistre, frappés, l'un
des merveilles qu'il aperçoit dans la syntaxe
des langues; l'autre, dans la constitution des
peuples, les regarder comme un présent ou
comme une révélation divine. On a trop re-
poussé, selon moi, leurs réflexions sur ce sujet.
Ces messieurs n'ont vu, sans doute, que la
moitié de la question; ils sont plus avancés au
moins que leurs adversaires, qui ne la voient
pas du tout.

C'est ainsi que la France s'est couverte de
folies provenant de théories absurdes; elle s'est
couverte en même temps de folies provenant
du déréglement des passions. Au moment où
toutes les institutions d'un pays sont dissoutes, il
faut croire que chacun remuera aussitôt ses passions pour en faire les mœurs publiques. Chacun cherche ainsi, diversement, à mettre ses
vices dans le vide que laissent les mœurs, et ses
intérêts particuliers dans le vide que laisse l'intérêt général.

Tel est, autant que je puis l'apercevoir, le
tableau de la France. Dans cet ensemble de passions ou de folies diverses, il est admirable d'en-

tendre citer la loi de Solon. Corneille a pu dire :

Lorsque deux factions divisent un empire,
Chacun suit à son gré la meilleure ou la pire.

Cette loi est applicable à un pays qui a conservé quelque chose de sa raison publique ou de son existence sociale. Il n'y a plus alors de division que sur des nuances. Mais lorsqu'un pays a été dissous, que la folie l'a saisi tout entier, et qu'il n'y a plus à choisir qu'entre telle extravagance ou telle autre; si ces extravagances ne sont pas seulement ridicules; si elles sont meurtrières; si elles opèrent également, quoique diversement, la ruine de votre pays, quel parti prendrez-vous? De quelle manière préférez - vous qu'on vous brise les membres? de quelle manière préférez - vous qu'on perde, qu'on saccage, qu'on déshonore votre pays? voilà en vérité, depuis quelque temps, l'alternative qui est laissée. Prenez, après cela, un parti; c'est la loi de Solon.

CHAPITRE VII.

Manière d'entrer dans ces difficultés. Et d'abord il faut connaître la nouvelle langue française.

———

Dans un moment où sont appelés à se mêler de nos affaires tant d'honorables étrangers , qui s'appellent Prussiens , Russes, Autrichiens , Anglais, et tant d'autres encore, qui, quoique nés en France, en ont quitté le sol depuis quelques années, (années qui, pour les événemens, équivalent à des siècles) il me paraît important de leur révéler, sur la langue française actuelle, certaines particularités qui ne sont pas assez connues.

Je ne doute pas que chacun des grands personnages qui voudront s'occuper de nos affaires n'ait, par ses études, une parfaite connaissance de la langue française; je ne doute pas qu'il n'en ait parfaitement appris dans nos grammaires, dans nos dictionnaires, dans nos meilleurs écrivains, la syntaxe et toutes les règles;

sur certains mots : cependant, il est nécessaire que je les prévienne de leur complète ignorance. S'ils allaient croire, par exemple, que liberté, aujourd'hui, veut dire liberté ; constitution, constitution ; égalité, égalité, dans le sens, qui a pu autrefois être admis, et qui se trouve consigné encore dans les dictionnaires, ils se méprendraient totalement.

Et d'abord il faut qu'ils sachent que par le mot de liberté, le parti aujourd'hui qui le prononce entend pour lui la puissance ; pour le parti opposé, l'oppression. Dans un certain état de société, la liberté est, comme l'argent, une chose si précieuse, que chacun veut avoir la sienne et celle de son voisin.

Toutefois ce mot liberté, qui dans l'oppresseur signifie la puissance qu'il exerce, et dans l'opprimé la puissance qu'il espère, se prend encore quelquefois dans deux sens différens. Dans le parti qui a gagné quelque chose à la révolution en richesses, en places, en considération, en pouvoir, la liberté veut dire le despotisme sous Bonaparte. Dans le parti qui a été dépouillé, et qui espère recouvrer ou tout, ou partie de ses avantages, cela veut dire despotisme sous Louis XVIII.

Il y a encore un troisième parti qui prononce

le mot liberté ; c'est celui qui , en conservant
le renversement opéré du premier, s'occupe à
opérer le renversement du second, afin de
prendre la place de tous deux.

Cependant, quand un pays est livré aux passions, on a besoin d'être armé pour parvenir à
ses fins. Il faut dès lors absolument un arsenal.

Cet arsenal, c'est ce qui s'appelle, en France,
constitution. C'est pour le parti vainqueur un
moyen de conserver les avantages qu'il a en-
vahis; pour le parti vaincu, un moyen pour les
recouvrer. A la manière dont tout le monde réclame la constitution , vous croiriez que c'est
pour conserver l'ordre ; au contraire, c'est pour
le renverser.

Ce n'est pas d'aujourd'hui que date cette in-
terversion. Dès le commencement de la révolution, la souveraineté du peuple , les droits de
l'homme, l'égalité, la fraternité, la république,
ont été des locutions que le génie a inventées
pour tâcher de monter aux grandes places de
l'Etat. L'Etat alors a dû être une république.
Du moment que les places ont été dans nos
mains , la république, qui les avait procurées,
s'est changée en despotisme pour les conserver.
Ainsi, république et liberté pour envahir les
places, despotisme et pouvoir absolu pour les

garder, voilà le sens de notre nouveau langage.

Les mots *noblesse* et *féodalité*, qu'on entend continuellement répéter, peuvent être un autre objet de méprise.

Comme chaque temps a ses fureurs, il a aussi ses expressions de haine favorites. Pendant plusieurs siècles, malheur à celui qui était appelé hérétique ou sorcier. Sous M. de Beaumont, il ne fallait pas être traité de janséniste. Sous Roberspierre, l'accusation d'aristocratie menait à l'échafaud. A Coblentz, on eût pu recevoir sans conséquence la dénomination de démocrate ; on était perdu par celle de monarchien. *Féodalité, féodal:* telles sont aujourd'hui pour la haine ses flétrissures à la mode et son sceau d'ignominie. Il faut comprendre le sens de cette nouvelle injure.

On peut se rappeler avec quelle frénésie les philosophes du 18ᵐᵉ siècle proclamaient la haine du fanatisme et de la superstition dans un temps où il n'y avait pas même de religion ; on peut se rappeler de même avec quelle énergie on prononçait la haine de despotisme sous Louis XVI : on peut apprécier aujourd'hui la valeur de ces haines hypocrites. La haine de la féodalité, si on la prenait littéralement, n'aurait pas plus de sens. Mais en laissant de côté l'objet apparent de cette haine, pour rechercher son objet réel , il est facile de découvrir qu'elle porte non sur la féodalité , qui, aujourd'hui est une chimère , mais que c'est une manière tacitement convenue de proscrire tout ce qui a existé avant la révo-lution. De même que la haine de l'aristocratie était une proscription générale de tout lien de subordination , la haine de la féodalité est une proscription convenue de tout ce qui a existé dans la France ancienne. Rien d'ancien , rien qui soit antérieur à la révolution, que tout date de 1789, qu'il n'y ait de France et de Fran-çais que depuis cette époque : voilà ce que si-gnifient en réalité les diffamations portées con-tre la féodalité.

La haine portée à la noblesse peut être en-core un objet de méprise. Cette haine présente d'autres nuances.

Et d'abord cette haine si prononcée, cette abolition des rangs si constamment réclamée, cela veut-il dire que personne n'en veut? au contraire, que tout le monde en est affamé. On ne demande pas à la chasse la mort de certains animaux pour les exterminer : c'est seulement pour s'en emparer. C'est ainsi que se fait aujourd'hui la chassse à la noblesse. Ce n'est pas comme fléau, c'est comme proie qu'on la poursuit. De même que les amis de la liberté ont horreur du pouvoir, jusqu'au moment où ils en sont saisis, les ennemis de la noblesse en ont horreur jusqu'au moment où ils en sont revêtus.

Pour peu qu'on ait l'habitude de l'observation, le caractère de cette haine est facile à saisir.

Si vous trouvez un jeune homme qui vous dise beaucoup de mal d'une femme, qui néanmoins en soit sans cesse occupé, et qui répète son nom à tout moment, il aura beau l'appeler cruelle et l'accuser de tous ses maux; vous croirez ce jeune homme amoureux. C'est ainsi que toute la France est aujourd'hui occupée de la noblesse. Mais de même qu'au milieu du délire de sa haine amoureuse, le jeune homme qui a le plus maudit sa maîtresse, va au moindre de ses sourires tomber à ses pieds, il faut voir la figure d'un de ces détracteurs de la noblesse, au moment où la puissance lui présentera un titre ou un cordon.

Ce qu'il y a d'admirable dans toutes ces hypocrisies, c'est notre industrie à les couvrir. (1)

____

(1) J'ai fait imprimer un ouvrage dans lequel je prouve que la noblesse française n'est coupable d'aucun des en-

Ici encore j'ai à admirer comment la puissance du génie égale celle du vice. On veut jouir de ses passions sans en avoir la honte. On veut recueillir tous les effets de la vanité, on ne veut pas en avouer la source. Vous ne ferez jamais convenir un bourgeois que sa haine de la noblesse est une haine d'amour. Vous ne lui ferez jamais convenir qu'après l'abaissement de la noblesse dans les autres, ce qui est une jouissance d'envie, il se portera à s'en emparer pour lui-même, ce qui est une jouissance d'orgueil. D'un autre côté, vous ne ferez jamais confesser à un gentilhomme, qu'il a l'amour de la supériorité du rang. Il réclamera plutôt hautement les

---

vahissemens et des excès dont on l'a accusée. Voici à quoi peuvent se réduire, franchement et littéralement, les plaintes diversement colorées que cet ouvrage m'a values :

« Nous voulions haïr la noblesse; et pour cela nous avions
« eu jusque là un prétexte honorable dans ce qu'on disait
« de ses injustices et de ses rapines. Nous étions envers la
« noblesse, sur ce point, comme nos pères envers les Juifs,
« qu'ils massacraient avec impunité, quand l'idée leur en
« venait, par la raison qu'il y a quinze siècles, d'autres,
« qui s'appelaient Juifs, avaient tué notre Seigneur. Au-
« jourd'hui, s'il est vrai que la noblesse n'ait commis au-
« cune des injustices qu'on lui reproche, il ne nous res-
« tera plus, pour la détester à notre aise, de motifs que
« nous puissions honorablement avouer. »

droits qu'il croit lui appartenir par la féodalité, que ceux qui peuvent lui appartenir par la naissance.

A l'égard de cette dernière dissimulation, il est une différence que je dois marquer. Elle provient de cette éducation libérale qui a appris à ne pas se parer auprès de ses semblables des avantages que ceux-ci ne partagent pas. Les inégalités auxquelles un autre ne peut prétendre, il est contre le bon ton, même contre les bonnes mœurs, de s'en prévaloir. Une certaine honnêteté inspire de se mettre au-dessous des autres, plutôt qu'au-dessus. Quand les nations sont bien composées, on voit ainsi les hommes élevés s'étudier à effacer leur supériorité auprès de leurs inférieurs; ceux-ci s'étudier de leur côté à les relever. Quand elles sont dissoutes, cette égalité que celui-ci proclame de courtoisie, le plébéien veut la prendre à la lettre. Celui-ci s'élève d'impudence, en proportion de ce que celui-là s'accroît en pudeur. La pudeur, qui voudrait être modestie, n'étant plus interprétée qu'en honte, finira alors par disparaître.

CHAPITRE VIII.

Vues sur le principe général d'inquiétude qui est le résultat de notre état intérieur.

La France entière se partage aujourd'hui entre les intérêts anciens et les intérêts nouveaux. J'appelle intérêts nouveaux tout ce qui, dans la lutte de la révolution, a été conquis sur les intérêts anciens, dans l'ordre des rangs, des places et des propriétés. J'appelle intérêts anciens tout ce qui, en ce genre, a échappé à la conquête.

Tel est, selon moi, d'un côté, l'effet des principes de la révolution et des actes qui en sont émanés ; d'un autre côté, l'effet de la négligence de la dernière chartre constitutionnelle de Louis XVIII, et des germes de fermentation qu'elle a laissés, qu'aucun des deux partis ne peut demeurer tranquille.

Il y a, à cet égard, un premier point qu'il ne faut pas perdre de vue. Ce n'est pas ce qui a été fait sous Louis XVIII qui a été une cause de trouble ; c'est ce qui a été craint. Il y a un autre point de vue plus important : tant que cet état de choses durera, ni la France ni l'Europe ne pourront compter sur de la tranquillité.

Considérée comme un simple accident, ce ne serait rien que la révolution de 1789. Ses conquêtes, tout injustes qu'elles me paraissent en elles-mêmes, sont aujourd'hui sous la sauvegarde de l'ordre public, qui les réclame de la justice comme des sacrifices qui lui sont indispensables.

Cependant, plusieurs difficultés s'élèvent de cette situation. En premier lieu, s'il y a eu une révolution en France, il importe à la sûreté de l'Europe que cet événement ait le caractère de ce que les anciens appelaient cataclysme ; c'est à dire d'un désordre passager. Qu'il y ait eu une fois un déluge de quarante jours, à la bonne heure ; mais que Dieu nous préserve d'en avoir un tous les ans ! Que la révolution ait dépouillé une fois les classes supérieures de leurs biens, de leurs honneurs, de leurs avantages, passe ; mais au moins que ce soit terminé. Avoir à subir une révolution semblable tous les dix ans, ou la permanence continue du même mouvement ; pour les uns et pour les autres, c'est trop.

Or, tel est précisément l'état actuel de la

France. Un mouvement intérieur , qui s'élève sans cesse pour conserver la révolution ; en contre-partie , un mouvement qui s'élève sans cesse pour s'en préserver : tel est le double mouvement qui en ce moment trouble la France. Cette situation ne peut être indifférente à l'Europe.

Et d'abord on croit généralement en Europe , que c'est , de la part des anciennes castes , défaut de modération et de condescendance. Il y a , à cet égard , quelque chose de vrai ; seulement les reproches sont exagérés. Fussent-ils fondés , ce serait la moindre partie du mal. Il provient beaucoup plus de la susceptibilité de ceux-ci , que des regrets de ceux-là. Tel est le progrès de la délicatesse de nos amours-propres en France , que la victime offre en vain de faire grâce ; le spoliateur ne consent pas toujours à la recevoir ; et alors sa position est extrêmement fâcheuse. Cité sans cesse au grand juri de l'opinion publique , il a pour lui les considérations de la politique , contre lui , toutes les consciences. Mal à l'aise avec le monde et avec lui-même , l'existence seule de l'ancien propriétaire lui est insupportable. Il voudrait le mettre en pièces ; ce ne serait pas assez : il voudrait anéantir avec lui son nom et sa mémoire.

Ainsi donc, indépendamment d'aucune provocation de la part des anciens propriétaires, les acquéreurs de leurs biens, mal rassurés contre l'opinion publique et contre leur conscience, par de frêles chartres se succédant continuellement les unes aux autres, se trouvent, par l'effet de leur situation, dans un état continu d'inquiétude et d'irritation qu'ils répandent autour d'eux.

J'en pourrais dire presque autant des autres propriétaires, qui ont obtenu gratuitement, de la révolution, l'abolition des dîmes, des champparts, des cens, et des rentes mêlées de censives. Ne pouvant comprendre ce qui a pu leur valoir ces avantages, ils sont empêchés de croire à la stabilité de ces concessions par leur absurdité.

Du côté des places et des rangs, le mal est encore plus grave. Les hommes nouveaux qui les occupent voudraient en avoir la considération. Mais de même qu'au milieu des miracles du fils de Dieu, les Juifs s'obstinaient à demander: « N'est-ce pas là le fils du forgeron ? » *Nonne filius est fabri ?* le public s'obstine de même, au milieu des miracles de nos nouveaux princes, de nos nouveaux ducs, de nos nouveaux comtes, à se demander: *Nonne filius est fabri ?*

Je n'ai pas fini ce tableau. Que dirai-je de cette multitude innombrable de généraux et d'officiers de tout grade, qu'a nécessitée la composition de nos armées immenses? quand, par une cause ou par une autre, ces hommes, issus pour la plupart des classes inférieures, sont rendus à leur case originaire, un contraste épouvantable se remarque aussitôt entre des mœurs nobles contractées par les habitudes guerrières, et les mœurs, provenant des habitudes de la misère et des professions subalternes. Quelle contenance pourra avoir à votre table un capitaine, servi par son père, demeuré chez vous dans la profession de valet? Quelle figure pourront faire ces anciens généraux, retirés, avec une médiocre pension, dans la boutique de leurs parens menuisiers?

Ne croyez pas qu'on remédiera à ces inconvéniens en adoptant d'autres mœurs. Et d'abord, adopter de nouvelles mœurs n'est pas une chose facile. Ensuite, c'est que le nouveau duc veut absolument l'être de la même manière que celui de l'ancien régime. Tout en dénigrant la féodalité, le nouveau comte, le nouveau baron, veulent prendre ce qu'elle a eu d'éclat. Il en est de même sur toutes choses. Les nouveaux juges prétendent bien garder la robe rouge qu'ils ont

prise des anciens parlemens. Le sénateur, an-
ciennement commerçant, est tout réjoui de s'en-
tendre appeler pair de France. Les généraux de
brigade ou de division le sont de même, d'être
devenus lieutenans-généraux et maréchaux de
camp.

C'est ainsi que cet ancien régime, qu'on pré-
tend avoir anéanti, reparaît sans cesse; quelquefois il est vrai, pour vous donner des jouissances, souvent aussi pour vous donner des
amertumes. Si, avec cela, l'apparence de faveur donnée aux hommes de cet ancien régime,
par le retour d'un roi de l'ancienne dynastie,
en même temps que les fautes et les imprudences
de ces hommes contribuent à augmenter toutes
les alarmes, à donner plus de vivacité à tous les
souvenirs, à toutes les allusions, une fermentation générale s'élèvera sans cesse d'une irritation qu'on n'osera pas même avouer. Une classe
immense tendra sans cesse à un nouveau bouleversement, à une nouvelle révolution.

Voilà, sous un premier point de vue, un tableau qui n'est pas riant. Je passe actuellement
aux hommes de l'ancien régime. On va voir que
la situation de ceux-ci n'est ni plus heureuse, ni
plus tenable.

Si on veut se représenter, dans un Etat,

quarante - cinq mille familles se trouvant, sous
certains rapports, dans le rang le plus inférieur
de la société, sous d'autres rapports, dans le
plus haut; recueillant sans cesse le respect au
milieu du dénigrement, l'estime au milieu des
intentions du mépris; liées ensemble par les
mêmes mœurs, par les mêmes prétentions, et
surtout par les mêmes infortunes; si on veut se
représenter ces familles formant comme un peuple particulier dans le peuple, jouissant autrefois
de grandes prérogatives, de grands honneurs,
de grandes possessions, tout meurtries aujour-
d'hui des coups de la révolution, et cependant
consacrées, en quelque sorte, par les malheurs
et par les proscriptions, ajoutant à l'éclat de leurs
aventures l'importance de leur bonne éducation,
de leurs belles manières, de tout ce qui appartient au bon goût et au bon ton, continuant
à dominer dans les salons, et les premières encore entre les citoyens par ce qu'elles ont pu
conserver de richesse; si on représente, dis-je,
tout ce peuple privé par la confiscation d'une
partie de ses biens, par la révolution de tous ses
honneurs, accoutumé à l'inégalité en sens direct,
soumis aujourd'hui à l'inégalité en sens inverse,
c'est à dire, n'ayant plus dans l'Etat que le privilége des proscriptions, des exclusions, des

opprobres ; on aura une idée du zèle de tous ces hommes pour l'aimable et nouvelle patrie qui leur a été faite ; on aura une idée de leur zèle pour une constitution qui leur est présentée, sans cesse, comme le meilleur et le plus sûr moyen de rendre toute cette situation durable.

Il ne faut pas croire que ce tableau soit chargé. Ses principaux traits consistent en ce que d'un côté les classes inférieures continuant à demeurer saisies de toutes les professions lucratives, et s'étant soulevées en même temps comme de concert pour s'emparer de tous les rangs, de toutes les places, c'est-à-dire de toutes lesprofessions honorables, l'ancienne noblesse française, avec un reste de possessions tolérées, et quelques avantages de souvenir et d'opinion enviés, peut être aujourd'hui regardée en France comme étrangère, et en quelque sorte comme hors de la loi du pays.

Cet ensemble de situation, qui la rend particulièrement odieuse par le contraste du respect qu'elle inspire, et du mépris qu'on veut lui porter, ne se renferme pas dans ces seuls points. Comme dans un pays où on a mis à bas autant qu'on a pu les anciennes mœurs, les anciennes institutions, les anciennes lois, les nouvelles reconstructions qu'on leur a substituées, peuvent présenter encore long-temps, quoi qu'on fasse, des positions gauches, un tel pays est nécessairement sujet à des désordres ; et alors il faut voir avec quelle fureur tous les regards se portent aussitôt vers la noblesse ancienne. Il ne suffit pas de ne pas vouloir entrer dans les troubles publics ; tous les mécontentemens qui s'élèvent se croient d'avance en alliance avec les vôtres. Ils vous saisissent, ils vous emportent. Echappez-vous à la loi des coupables, vous n'échappez pas à la loi des suspects. Un inspecteur général de police qui semble avoir besoin de vous pour vous offrir, quand il le faudra, aux fureurs du peuple, a soin de vous assigner d'avance, sinon une prison, du moins un domicile.

Telle est cette nouvelle et admirable patrie. On n'y a plus le privilége des grâces, des faveurs, des honneurs. On a celui des injures, des diffamations, des persécutions. Non, la naissance n'y est point oubliée ; elle est toujours là pour vous valoir ou les échafauds d'un Marat, ou les ignominies d'un Moreau, lieutenant-général de police dans les départemens de l'Ouest.

Au moment où je trace ces lignes, je ne sais encore qui est destiné à avoir en France la domination ; mais celui-là, quelque nom qu'il porte, quelque armée, quelque puissance qu'il ait, je lui réponds que cette situation, s'il la conserve, sera plus puissante que lui. Qu'on nous fasse des constitutions tant qu'on voudra, qu'on divise, ou qu'on réunisse les pouvoirs, qu'on ait un sénat, ou qu'on n'en ait point, je réponds d'un beau foyer bien ardent de troubles intérieurs, d'une belle continuation de désordres; il faut tout dire, je réponds de l'embrasement de l'Europe. Je me contenterai de rappeler à cet égard une des dernières séances de l'assemblée : « La grande question est posée, « dit M. Carnot : il s'agit de savoir si les peuples « seront libres ou esclaves d'une poignée de « familles privilégiées. » Aussitôt un trépignement universel de l'assemblée : C'EST CELA, C'EST CELA. Que les d'Harcourt, que les Crillon, que les Montmorency, des différentes contrées de l'Europe, écoutent attentivement ces paroles. Elles leur sont adressés.

Il ne faut point s'aveugler sur cette situation. Si elle est conservée, il est inévitable avant vingt ans que toute la noblesse en France soit massacrée. Et comme immédiatement après, les assassins seront amenés à s'assassiner entre eux, et que l'Europe entière, qui a aujourd'hui de même ses rangs, ses hiérarchies, ses avantages de pos-

session et de naissance, a aussi ses classes inférieures, toutes prêtes, comme celles de la
France, à les bouleverser ou à s'en emparer, il
faut s'attendre, par l'affinité des situations, par
le besoin de donner partout à ses vices une cou-
leur de doctrine, de faire enluminer ses crimes
par un vernis d'honneur, de courage, de justice, au renversement de tout ce qui existe sur
la terre de sociétés civilisées.

Dans une situation semblable, il faut rire de
la niaise bonhomie de ces hommes qui s'occupent bien savamment des cadres d'une constitution. Dans une nation où la fierté, la délicatesse, la susceptibilité qui semblent particulières aux hautes classes, sont descendues
d'abord dans les secondes, ensuite dans les
troisièmes, ensuite dans les dernières; dans
une nation où les choses de considération publique, ou de mépris public, sont tellement
importantes, qu'elles doivent toujours être pla-
cées en première ligne, il faut savoir qu'il n'est
à la longue aucune dignité, aucune puissance,
aucune forme qui puisse tenir aux flots sans
cesse accumulés de ce dissolvant, ou de ce conservateur universel. Une constitution, dans
l'ordre politique, n'est qu'une règle pour le
mouvement des pouvoirs. Ici vous avez, avant

tout, votre constitution intérieure à régler. Une transaction entre les mœurs et les mœurs, entre les intérêts et les intérêts, entre les situations et les situations, et puisqu'il faut tout dire, entre les misères et les misères, entre les vices et les vices, une transaction qui dans les points les plus importans, fasse justice de ce conflit perpétuel entre les avantages conservés des temps anciens, et les avantages produits des temps nouveaux : voilà, d'abord, la constitution que vous avez à établir.

Sans cela il est inévitable que la France ne se dévore elle-même, et en même temps les nations qui l'avoisinent; il est inévitable que tourmentée sans cesse au-dedans, elle ne tourmente sans cesse ses voisins, et que tantôt par le poison de ses doctrines, tantôt par celui de sa politique, tantôt avec l'un et avec l'autre, elle ne fasse de l'Europe comme de son propre sol, un monceau de ruines et de cendres.

CHAPITRE IX.

De la manière d'entrer dans les maux de la France.

—

QUAND on aura bien compris que la France est aujourd'hui un vrai labyrinthe, que son langage est une succession continue d'énigmes et de logogryphes, que toutes les paroles y sont hypocrites, parce que toutes les positions sont fausses, toutes les doctrines absurdes, parce que toutes les passions sont violentes ; quand on aura bien compris qu'un des traits caractéristiques de cette situation, est une irruption continue des classes inférieures, contre les rangs élevés, à l'effet de les abattre ou de s'en emparer, c'est-à-dire en d'autres termes la révolution de 1789 et de 1793, cherchant à se prolonger et à se perpétuer ; quand on aura bien compris, qu'au milieu de cette inquiétude de tous les élémens de la société, personne n'est tranquille dans la place qu'il occupe, ceux-ci par la crainte de perdre ce qu'ils ont acquis, ceux-là par le désir de recouvrer ce qu'ils ont perdu, d'autres par l'espérance en conservant le renversement des uns , d'opérer le renversement des autres, on commencera à avoir une idée de la scène.

Si j'ai été assez heureux que de bien marquer le mal , je dois par là même avoir déjà indiqué le remède. Il faut à cet égard une grande habileté.

Et d'abord il est trois choses qu'on regarde généralement comme une ressource : l'opinion publique , une constitution, une assemblée représentative. Ces trois choses demandent beaucoup de précautions.

Dans la situation de la France , comme l'opinion prétendue publique n'est jamais que l'opinion d'un parti , sa prépondérance ne se formant que par ceux qui, ayant la liberté de crier à leur aise, ont en même temps la puissance de fermer la bouche au parti opposé, si vous vous jetez dans le sens de cette opinion , nul doute que vous aurez pendant un moment une apparence d'unanimité. Bientôt les événemens donnant aux partis opposés des chances favorables, ils auront à leur tour la prépondérance ; et alors comme ils fermeront la bouche de même à leurs adversaires, il se développera en sens contraire le spectacle apparent d'une nouvelle unanimité. C'est ainsi que le jour même de la rentrée de Napoléon à Paris, l'unanimité était à dix heures du matin en faveur de Louis XVIII ; le lendemain à dix heures du matin, elle a paru être en faveur de Napoléon.

Cet écueil est d'autant plus à craindre, que de cette manière vous avez toujours un premier moment de succès. Vous avez aussi un premier moment de tranquillité; mais au-dedans reste en entier le foyer du mal, et bientôt s'élèvent de nouvelles discordes.

Une charte constitutionnelle, réglant seulement le mouvement des pouvoirs et leurs relations habituelles, ne vous offrira pas plus de ressources. C'est d'une composition civile que la France a besoin, encore plus que d'une composition politique. Je viens de le dire : la première constitution qu'il faut à la France, c'est une transaction entre tous les partis.

Enfin une assemblée est une ressource qu'il ne faut sûrement pas écarter. Seulement il faut n'y avoir pas trop de confiance. En effet, il ne faut jamais oublier que la France est un pays rempli d'hommes malades, souffrans ou contrefaits. Dans un tel pays, les assemblées qui se composent selon l'opinion prépondérante du jour, sont toujours la représentation de cette opinion , c'est à dire d'une passion ou d'un parti. A cet égard selon le terrein la plante , et selon la plante le fruit.

Après la proclamation du golfe Juan , les décrets de Lyon , la déclaration du Conseil-d'État, c'était se moquer de nous, que de convoquer des représentans. Il était bien évident que dans une telle assemblée, il n'y aurait de représenté que la révolution.

Une représentation, prise toute entière dans un autre sens, n'aurait pas moins d'inconvéniens.

Au milieu de tous ces écueils, il faut d'abord convenir du but. Nous examinerons ensuite les moyens.

Si on veut examiner de sang-froid toutes les opinions, ou si l'on veut toutes les passions, on reconnaîtra facilement qu'au milieu de leurs erreurs, elles ont toutes des points respectables qu'il faut ménager. Tel est l'art du mensonge, de se retrancher toujours derrière un peu de vérité, à l'effet de cheminer plus sûrement. Nos passions les plus honteuses ont de même l'art de se retrancher derrière un peu de vertu. Il y a sûrement quelque chose d'économe dans l'avarice, quelque chose de libéral dans la dissipation et dans la prodigalité. Les opinions reconnues comme les plus dangereuses, présentent le même caractère. Il y a quelque chose de vrai dans la souveraineté du peuple, ainsi que dans les droits de l'homme; pour un ami de l'ordre, tout n'est pas faux dans la doctrine du pouvoir; pour un ami de la liberté, tout n'est pas faux dans les doctrines républicaines. S'il est vrai qu'une certaine classe veuille absolument troubler l'Etat pour revenir à des droits surannés dont elle est déchue, certainement cela est mauvais; mais si à ces dispositions il se joint un sentiment de fidélité aux mœurs de ses pères, un désir de ne rien perdre pour soi et pour les siens de la considération de famille; ce sentiment est bon et honorable. Si les temps anciens ne se présentent jamais que pour effacer les temps nouveaux et empêcher tout progrès, tout développement, tout perfectionnement, en ce sens ils peuvent être odieux. Si à leur tour les temps nouveaux ne se présentent que pour effacer tout ce qui est ancien, ils peuvent être encore mieux un objet de crainte et de repoussement. Il y a sûrement quelque chose d'admirable dans la liberté, lorsqu'elle se présente comme source de dignité, de prospérité et d'activité; il y a quelque chose d'honorable dans le despotisme lui-même, lorsqu'il se montre comme protecteur de la sûreté et de l'ordre. Enfin, ces deux doctrines paraîtront également misérables, lorsque l'une ne se montrera que pour amener l'anarchie, l'autre pour établir l'oppression d'un seul homme ou de quelques grands.

Quand on a su apprécier le mélange qui se trouve ainsi dans toutes les passions, dans toutes les opinions, dans tous les partis, il est facile d'apprécier de même leur conduite, et si j'ose m'exprimer ainsi, leur allure. Comme c'est toujours ses points de raison que chaque parti cherche avec habileté à mettre en-dehors, à l'effet de faire passer s'il est possible la partie d'impureté et de mensonge qui l'accompagne, il peut réussir ainsi pendant un moment; mais comme dans le moment qui suit, et dans ceux qui suivront, le parti opposé ne manque pas de révéler l'impureté que cet ensemble recèle, il décrédite à la longue ce parti, et le renverse. Mettant lui-même ses propres mensonges à la place des mensonges précédens, il est ensuite décrédité et renversé à son tour.

Est-il donc impossible, d'abord dans un conseil particulier, et ensuite dans un conseil gé-

néral, de prendre, comme dans ses mains,
toutes les opinions et toutes les passions, de les
dépouiller doucement de ce qu'elles ont d'impur
et de faux, pour ne leur laisser que ce qu'elles
ont d'honorable et de vrai?

Est-il impossible de composer, d'abord un
corps de nation, et ensuite une assemblée véri-
tablement représentative, dans laquelle on aura
élagué tout ce qui ne veut, d'une manière ou
d'une autre, que le trouble et le désordre?

Enfin, est-il impossible d'arriver jamais à un
état de constitution raisonnable et stable?

Sur tous ces points, je conviens que cette
œuvre présente de grandes difficultés : j'aime à
croire qu'elle n'est pas tout-à-fait impossible.

CHAPITRE X.

De la manière d'opérer selon ces principes.

Il y en a qui disent que la France n'est pas susceptible de liberté. Je ne crains pas d'affirmer qu'elle est encore moins susceptible de despotisme; car le despotisme ne peut aller dans un Etat sans l'accompagnement des anciennes institutions et des anciennes mœurs : rien de semblable en France. Comme elle se trouve, à quelques égards dans la même situation que l'Angleterre depuis sa révolution, et l'Amérique depuis son indépendance, cette situation y rend un régime représentatif indispensable.

Toutefois ce n'est que sous ce rapport que je trouve des rapprochemens entre la France et les deux nations que j'ai citées. On se trompera toujours lorsqu'on voudra composer l'Etat de la France sur le modèle de l'Angleterre. On se tromperait bien davantage si c'était l'Amérique qu'on voulût imiter. Il me serait facile de prouver que la France n'est faite ni pour la liberté

grossière de l'une, ni pour l'égalité sauvage de l'autre. Je borne pour le moment mon attention à ce qui concerne l'état des partis.

Sous ce rapport la formation d'un corps représentatif me paraît demander les plus grandes précautions. Si vous le composez de manière à ce que les intérêts de la révolution y aient la prépondérance, vous élèverez dans les anciennes classes un principe continu de résistance et de réaction. S'armant continuellement de vos erreurs, de vos fautes, en alliance avec tous les mécontentemens et toutes les jalousies, postées avec avantage sur toutes les avenues de la considération et du succès, les anciennes classes (dont on n'apprécie pas assez l'influence), vous harceleront sans cesse, et vous dissoudront à la fin par le dénigrement seul et par le ridicule.

Si vous composez le corps représentatif, de manière à ce que ce soit les anciennes classes qui aient toute l'influence, vous ne ferez qu'établir la résistance et la réaction dans un autre sens.

Si vous le composez de manière à ce que l'influence soit concentrée dans la multitude, vous ressusciterez à chaque période la révolution de 89 et de 93; vous ouvrirez la porte à toutes les convulsions.

On se plaint de ce qu'un régime représentatif est difficile à établir en France; on se désole du peu de succès de tous les essais : on ne sait pas apercevoir la source de cette difficulté. Elle consiste dans la manie de vouloir toujours composer pour l'ordre politique, des cadres de constitution, sans s'être occupé auparavant pour l'intérieur, d'un cadre de recomposition. La formation d'un corps de lois politiques et d'une assemblée représentative, sans avoir établi auparavant la connexion de ces deux choses avec les institutions civiles, et avec l'état des personnes, serait pour tous les pays du monde une négligence fâcheuse ; dans l'état particulier de la France, c'est une monstruosité. Vous n'avez ni rang ni classes; vous n'avez ni famille, ni maison, ni cité ; et vous prétendez avoir un état ! vous prétendez avoir une autorité sans en avoir les élémens ; vous prétendez avoir une constitution sans en avoir les bases ! Vous n'aurez de cette manière ni état ni constitution, ni autorité.

Je ne crains pas d'affirmer que ce sont là les véritables plaies de la France. Actuellement de quelque manière qu'on touche à ces plaies, quelque habileté ; quelque ménagement qu'on y porte, je ne me flatte pas que ce soit sans douleur. Il faut distinguer à cet égard deux espèces de blessure, celle qui est faite à un corps en santé et de laquelle résulte la maladie, et celle qui est faite à un corps malade, et de laquelle résulte la santé. Si vous entreprenez quelque chose le soir au déclin du jour, bientôt vous avez une nuit pleine. Au contraire si c'est le matin au déclin de la nuit, vous avez dans peu toute la lumière du jour. Ce n'est pas dans cette entreprise un moment de succès qui doit vous séduire ; ce n'est pas un moment de résistance qui doit vous étonner. Une classification intérieure des rangs et des autorités : tel est le premier besoin de la France. Si avec une main ferme vous parvenez à l'établir, nul doute qu'au premier moment, vous n'essuyez des malédictions : avant peu vous recueillerez de toutes parts la reconnaissance et les hommages.

En effet les rangs qui sont dans toute la nature, sont bien plus encore dans l'ordre social. Vous avez d'abord les rangs de subordination ; ceux qui composent dans une société les liens de l'autorité et de l'obéissance. Vous avez ensuite des rangs de lustre, qui n'ont pas moins d'importance et qui ont avec les premiers une connexion intime. L'armée elle-même qui à cause de la discipline semble devoir être toute entière en subordination, a en ce genre, comme le reste du corps social, ses honneurs, ses rubans, ses distinctions. Elle n'a pas seulement ses soldats ; elle a aussi ses grenadiers.

Comme dans les essais de recomposition politique de l'année dernière, on a entièrement laissé de côté tout soin de notre recomposition intérieure, il m'a été indispensable, cette année, d'y ramener l'attention. Je me permettrai d'établir d'avance pour ceux qui s'occuperont de nos affaires, les principaux points de leurs délibérations.

1°. Il me semble que la France doit être recomposée intérieurement, de manière à ce que par une bonne transaction entre tous les partis, une paix solide puisse enfin s'y établir, et que la révolution soit irrévocablement terminée.

2°. N'est-ce pas une assez bonne disposition envers les classes qui ont acquis des avantages par la révolution, qu'elles recueillent avec sécurité ces avantages, qu'ils leur soient confirmés de nouveau par une chartre solennelle, de même qu'ils leur ont été confirmés déjà par les chartres précédentes, et que l'ordre social entier en soit en quelque sorte la garantie?

3°. N'est - il pas convenable, soit comme conséquence, soit comme confirmatiou de cette stipulation, que les classes anciennes retrouvent en dédommagement de leurs pertes tous les avantages nouveaux qui seront compatibles avec le nouvel ordre public?

4°. Que puis-je imaginer de mieux pour l'une et l'autre de ces deux classes, de faire ensorte qu'elles marchent désormais sur la même ligne ; c'est-à-dire que dans la récomposition du cadre social, elles soient respectivement l'une à l'autre en parité de rang, de distinction, de faveur ?

Qu'il me soit permis de préciser ma pensée par un exemple. M. le maréchal Massena sera-t-il mécontent, si je me permets de demander que sa maison soit mise de pair avec celle de Montmorency?

5°. Les stipulations à parité, une fois consenties pour les premiers rangs, soit dans le régime ancien, soit dans le nouveau, offenserai-je ceux qui, dans la ligne révolutionnaire, se trouvent au second rang, si je demande qu'elles soient faites de même à l'égard de ceux qui, dans la ligne de l'ancien régime, se trouvent dans un rang correspondant?

6°. Manquerai-je de modération, ou montrerai-je trop de préjugé féodal, si dans les moyens d'admissibilité des secondes classes aux premières, je demande qu'il soit établi pour ces transitions , des règles fixes ? Paraîtrai-je mettre trop de frein aux ambitions et aux prétentions particulières, si, en réglant l'admissibilité des classes inférieures aux classes qui sont au-dessus d'elles, je demande que cette transition soit sujette à un mode fixe, et que rien ne puisse faire transgresser ?

Je sais parfaitement que, dans d'autres pays où il y a des mœurs établies, ces choses sont réglées, non par les lois, mais par les mœurs. Dans un pays où, pendant si long-temps, les convenances ont été violées, les mœurs dissoutes, je demanderai, au défaut de mœurs, si on peut se dispenser de lois précises.

Je sais que les principes que j'établis ici d'une manière vague et générale, seront dans la pratique d'une difficile exécution ; je sais qu'ils exigeront de grands talens et une grande dextérité ; je sais aussi que la France ne manque pour leur application ni de grands génies, ni de grands talens. Je sais que le salut de la France , sa paix intérieure, et par suite, la paix même de l'Europe en dépendent.

Actuellement je reviens à la représentation nationale et à la constitution politique. Du moment que vous avez formé votre composition intérieure, vous allez voir que ni votre représentation, ni votre constitution n'offrent plus de difficultés. Dans ce système, il est évident que tout grand seigneur de l'ancien régime, ainsi que tout homme illustre de la révolution, forment d'eux-mêmes les grands de l'Etat, c'est à dire, le sénat, la chambre haute, ce qu'on appelle aujourd'hui la chambre des pairs.

Relativement à la chambre des représentans, il est évident que tout gentilhomme de l'ancien régime concurremment avec un homme d'un rang parallèle dans la révolution, seront désormais investis par leur naissance, de la plénitude du titre de citoyen, comme tels investis à leur majorité du droit de port d'armes, et membres des corps électoraux.

Voilà un premier corps de citoyens constitué par la naissance. Ce ne sont pas les seuls. Comme ceux qui n'ont point par eux-mêmes l'importance civique peuvent l'avoir par leurs fonctions, par les divers corps dont ils sont chefs, c'est à dire par l'importance des combinaisons auxquelles ils appartiennent, on aura à examiner comment dans ces combinaisons, c'est à dire, dans les places de municipalité et de judicature, dans toutes les parties des arts, des sciences, du commerce et des propriétés, il peut être formé de quoi compléter le système électoral, ou , ce qni est la même chose, l'ordre entier des citoyens.

Dans ce plan qui met ensemble toutes les parties honorables de la révolution et toutes celles de l'ancien régime, j'espère que tout ce qui existe aujourd'hui de grand dans l'armée, dans l'administration, dans l'ordre judiciaire, trouvera enfin sa véritable place. J'espère que tout ce qui s'est conservé d'illustre des anciens temps trouvera de même l'espèce de situation et de dédommagement auxquels les circonstances actuelles permettent de prétendre. Dans ces ces détails qui, par leur application, paraissent n'avoir qu'une importance locale, et qui, à cause de leur petitesse, paraîtront peut-être n'en avoir pas du tout, j'estime que se trouve le véritable principe de restauration de la France, et par là même les principes de la sûreté et de la tranquillité de l'Europe.

RÉSUMÉ.

J'ai dû d'abord exposer de la part des puissances de l'Europe, le droit de la guerre. J'ai dû ensuite en indiquer l'objet. La force a pu se mettre en mouvement pour renverser des obstacles. La sagesse seule peut terminer sa mission. Deux choses me paraîtraient également fâcheuses : que l'Europe ne s'occupât pas du tout de l'état intérieur de la France, ou qu'elle s'en occupât mal. Elle se trompera également, si elle ne voit pas la révolution, ou si elle la voit toute entière dans Bonaparte. Elle se trompera si au lieu de voir que la révolution fait les hommes en France, elle croit que c'est un homme qui a fait la révolution. Qu'elle sache que le sol actuel de la France est un sol très-fécond. Tant qu'il se conservera, il en naîtra tout ce qu'il faut pour la ruine du monde. C'est à changer ce sol que l'Europe doit avant tout s'attacher. C'est vers ce but que j'ai dû principalement diriger ses vues.

Le résultat inévitable de toute grande société dissoute est de présenter beaucoup d'égaremens et de folies. Dans ces sortes de maladies publiques, ainsi que dans les maladies privées, il est essentiel de distinguer d'abord ceux qui sont fous tout-à-fait, de ceux qui ne le sont qu'à demi. Il est bon de distinguer ensuite ceux qui ne le sont que dans la proportion d'un quart, d'un cinquième. Par exemple on trouve encore beaucoup de personnes en France qui désirent une démocratie pure, sans aucune distinction de rang et de naissance. Si quelqu'un veut mettre un jour sur sa table l'histoire de tous les temps et de tous les peuples, je le préviens qu'au milieu des folies dont a pu être affligée l'espèce humaine, il n'en trouvera pas une pareille. D'autres consentent à avoir un roi, mais absolument rien de plus. Il ne s'aperçoivent pas que l'admission d'un roi amène nécessairement avec elle les accessoires qu'ils repoussent. Il en est qui s'adoucissant un peu plus, consentent à un sénat héréditaire ; mais après cela point de noblesse inférieure. Ces braves gens consentent à supporter les montagnes : ils n'aiment pas les coteaux. Une seule grande élévation dans l'état, puis une plaine rase. Mont-Blanc, rassurez-vous, vous serez conservé ; mais pour la chaîne des Alpes, qu'elle s'efface toute entière, et qu'elle disparaisse.

Ainsi on veut les choses, on ne veut pas les élémens. On veut des arbres, on ne veut pas les racines. On veut des édifices ; on ne veut pas les fondemens.

Ce qu'il y a d'admirable, c'est qu'après avoir tout flétri, tout délustré, tout décoloré, un grand nombre s'obstine à appeler cela la France. Je m'en rapporte à tout le monde : la France n'a jamais eu cette figure-là. Ce n'est sûrement pas une monarchie; ce n'est pas même une république. Mon avis serait d'appeler, non pas Français, mais MARATTES, les habitans de l'empire de MARAT.

Je crois avoir trouvé un moyen de rendre française la révolution survenue en 1789 : c'est de prendre tout l'éclat qu'elle a eue et de le fondre dans le reste de l'éclat de la France. On se plaint du peu de patriotisme de la noblesse: J'offre le moyen de la rendre citoyenne. Elle n'est, dit-on, qu'une vanité; elle peut être quand on voudra, un office; car elle sera le premier fonds de la représentation nationale. De ce fonds s'élèvera, comme de son élément, la chambre destinée à être plus particulièrement la représentation des âges. L'instinct de la première qui est de marcher avec le temps, d'en suivre le perfectionnement et les progrès, l'instinct conservateur de l'autre, qui sera tout entier de tempérer la vivacité et la rapidité des mouvemens, correspondront tous deux, l'un aux mœurs, l'autre aux intérêts, l'un au moment présent, l'autre aux âges. Pour remplir convenablement leur objet, l'un sera imprégné d'un peu de démocratie, l'autre de l'esprit aristocratique. L'un doit être pris dans tout ce que la France a de plus honorable; l'autre dans tout ce qu'elle a d'illustre.

Sous un rapport, je conviens que les vanités, les passions, les petites susceptibilités, pourront s'affliger d'abord de ce système. Bientôt elles en seront satisfaites. Même pour les classes inférieures, ces rangs qui les désolent, ces rangs qu'elles voudraient tantôt abolir, parce qu'elles ne peuvent les occuper, tantôt flétrir, en les occupant, leur paraîtront un bien, car ils leur deviendront une espérance. Ce patrimoine d'espérance animera les vertus en même, temps qu'elle animera les industries. De cette manière toutes les routes seront tracées, toutes les portes seront ouvertes : celui qui est aujourd'hui simple conscrit, pourra devenir un jour général ; celui qui est simple apprenti, pourra devenir lord-maire. Le mérite aura ses avantages par la supériorité des places. L'industrie obtiendra son niveau par les avantages de la fortune. Les inégalités sociales s'approcheront ainsi, non plus comme autrefois pour se tourmenter et pour se combattre , mais seulement pour rivaliser entr'elles et pour se tempérer.

FIN.

DE L'IMPRIMERIE D'ADRIEN EGRON,
rue des Noyers, n°. 37.

www.ingramcontent.com/pod-product-compliance
Ingram Content Group UK Ltd.
Pitfield, Milton Keynes, MK11 3LW, UK
UKHW020948140726
13695UKWH00003B/1291